SV

Band 368 der Bibliothek Suhrkamp

In seinem Nachruf auf Günter Eich (1907-1972) bekannte Joachim Kaiser, daß dieser große Lyriker »zu den wenigen poetischen Propheten unserer Zeit gehörte, deren leise Stimme überdauern wird«. Dieser Band legt eine Auswahl aus Günter Eichs lyrischem Gesamtwerk vor, zusammengestellt von Ilse Aichinger, seiner Faru, der besten Kennerin seiner Arbeiten. Günter Eich – ein Dichter, »… einer der wenigen, die das hohe Wort zu Recht tragen«. *Karl Korn*

Günter Eich
Gedichte

Ausgewählt von
Ilse Aichinger

Suhrkamp Verlag

Erste Auflage 2016
© Suhrkamp Verlag Frankfurt am Main 1973
Suhrkamp Verlag Berlin
Umschlag: Willy Fleckhaus
Printed in Germany
ISBN 978-3-518-24030-4

Eich
Gedichte

NIEDERSCHÖNHAUSEN

Willst du dem Sommer trauen?
Es schafft im alten Parke
der Gärtner und die Frauen
mit Karren, Korb und Harke.

Im Laubhaus der Platanen
glänzt die gefleckte Rinde.
Wir und die Blätter ahnen
die Ewigkeit im Winde.

Wo schwarz die Amseln gaukeln,
die Kehle voller Lieder,
an langen Schnüren schaukeln
die Früchte her und wider.

Ich weiß nicht, wann sie fallen.
Oh Tag in alten Bäumen!
Jäh ist mir eingefallen,
wie wir die Zeit versäumen.

Wie grau es auch regnet,
der Wald scheint mir gelber.
Ach, was mir begegnet,
erdacht ich mir selber.

Die Macht der Gedichte,
die innigen Küsse,
die Nacht voll Gesprächen,
den Sommer der Flüsse.

Der Zauber der Verse,
im Hunger vergessen —,
die zärtlichen Herzen,
wer hat sie besessen?

Die treuen Gefährten,
so lange begraben —
der herbstliche Regen,
wann wird er mich haben?

LATRINE

Über stinkendem Graben,
Papier voll Blut und Urin,
umschwirrt von funkelnden Fliegen,
hocke ich in den Knien,

den Blick auf bewaldete Ufer,
Gärten, gestrandetes Boot.
In den Schlamm der Verwesung
klatscht der versteinte Kot.

Irr mir im Ohre schallen
Verse von Hölderlin.
In schneeiger Reinheit spiegeln
Wolken sich im Urin.

»Geh aber nun und grüße
die schöne Garonne –«
Unter den schwankenden Füßen
schwimmen die Wolken davon.

INVENTUR

Dies ist meine Mütze,
dies ist mein Mantel,
hier mein Rasierzeug
im Beutel aus Leinen.

Konservenbüchse:
Mein Teller, mein Becher,
ich hab in das Weißblech
den Namen geritzt.

Geritzt hier mit diesem
kostbaren Nagel,
den vor begehrlichen
Augen ich berge.

Im Brotbeutel sind
ein Paar wollene Socken
und einiges, was ich
niemand verrate,

so dient es als Kissen
nachts meinem Kopf.
Die Pappe hier liegt
zwischen mir und der Erde.

Die Bleistiftmine
lieb ich am meisten:

Tags schreibt sie mir Verse,
die nachts ich erdacht.

Dies ist mein Notizbuch,
dies meine Zeltbahn,
dies ist mein Handtuch,
dies ist mein Zwirn.

Blick durch die Fenster. An allem, was ich sehe,
liebe ich nur das:
Ein leicht zerstörbares Gefühl der Nähe,
ein Geflecht von Liebe und Haß.

Oh könntet ihr fester halten!
Ihr: was Körper ist und fällt.
Ihr, ferner als die Gestalten
der vergessensten Welt.

Ein Schwarm von fliehenden Tauben
oder ein schwach geädertes Blatt,
in späteren Monaten auch die Trauben,
die man ausgekeltert hat.

Flüchtiges und an keinem das Schwere
und der Dinge Blut und Fluch,
nur das an ihnen wie an der Beere
Geschmack und Geruch.

Nur das Nichts, das mit unlösbaren Krallen
sich ins Gedächtnis hängt
und jeden neuen Tag mit allen
alten Tagen vermengt.

Wolke als Himalaya
türmt sich auf ins Ungemeßne.
Ach auf diesen Gipfeln nah
bist du mir, du lang Vergeßne.

Schiefergraue Regenschleppe,
dampfend feuchter Urwaldhang,
Fallwind fegt die Riesentreppe
als ein klagender Gesang.

Dort im Fels dir zu begegnen,
wagt die Seele erst die Flügel.
Fremde Götter, sie zu segnen,
steigen aus dem Wiesenhügel.

Ihren Tee und Speise teilen
auf der golddurchwirkten Matte,–
willst du immer ferne weilen,
die mich einst im Arme hatte?

Ach noch in den Wolkenfalten
weiß ich dich, du lang Vergeßne,
wachsen deinem Kind die alten
Berge in das Unermeßne,

wächst die Reinheit in die Sterne
aus den regendunklen Särgen,
weiß es dich in aller Ferne
als in unbetretnen Bergen.

Wacht auf, denn eure Träume sind schlecht!
Bleibt wach, weil das Entsetzliche näher kommt.

Auch zu dir kommt es, der weit entfernt wohnt von
                den Stätten, wo Blut vergossen wird,
auch zu dir und deinem Nachmittagsschlaf,
worin du ungern gestört wirst.
Wenn es heute nicht kommt, kommt es morgen,
aber sei gewiß.

»Oh, angenehmer Schlaf
auf den Kissen mit roten Blumen,
einem Weihnachtsgeschenk von Anita, woran sie
                drei Wochen gestickt hat,
oh, angenehmer Schlaf,
wenn der Braten fett war und das Gemüse zart.
Man denkt im Einschlummern an die Wochenschau
                von gestern abend:
Osterlämmer, erwachende Natur, Eröffnung der
                Spielbank in Baden-Baden,
Cambridge siegte gegen Oxford mit zweieinhalb
                Längen, –
das genügt, das Gehirn zu beschäftigen.

Oh, dieses weiche Kissen, Daunen aus erster Wahl!
Auf ihm vergißt man das Ärgerliche der Welt,
              jene Nachricht zum Beispiel:

Die wegen Abtreibung Angeklagte sagte zu ihrer
                                    Verteidigung:
Die Frau, Mutter von sieben Kindern, kam zu mir
                            mit einem Säugling,
für den sie keine Windeln hatte und der
in Zeitungspapier gewickelt war.
Nun, das sind Angelegenheiten des Gerichtes, nicht
                                    unsre.
Man kann dagegen nichts tun, wenn einer etwas
                        härter liegt als der andere,
Und was kommen mag, unsere Enkel mögen es
                                    ausfechten.«

»Ah, du schläfst schon? Wache gut auf, mein Freund!
Schon läuft der Strom in den Umzäunungen, und die
                        Posten sind aufgestellt.«

Nein, schlaft nicht, während die Ordner der Welt
                                geschäftig sind!
Seid mißtrauisch gegen ihre Macht, die sie vorgeben
                        für euch erwerben zu müssen!
Wacht darüber, daß eure Herzen nicht leer sind, wenn
            mit der Leere eurer Herzen gerechnet wird!
Tut das Unnütze, singt die Lieder, die man aus
                    eurem Mund nicht erwartet!
Seid unbequem, seid Sand, nicht das Öl im Getriebe
                                der Welt!

ENDE EINES SOMMERS

Wer möchte leben ohne den Trost der Bäume!

Wie gut, daß sie am Sterben teilhaben!
Die Pfirsiche sind geerntet, die Pflaumen färben sich,
während unter dem Brückenbogen die Zeit rauscht.

Dem Vogelzug vertraue ich meine Verzweiflung an.
Er mißt seinen Teil von Ewigkeit gelassen ab.
Seine Strecken
werden sichtbar im Blattwerk als dunkler Zwang,
die Bewegung der Flügel färbt die Früchte.

Es heißt Geduld haben.
Bald wird die Vogelschrift entsiegelt,
unter der Zunge ist der Pfennig zu schmecken.

An verschiedenen Tagen gesehen,
die Pappeln der Leopoldstraße,
aber immer herbstlich,
immer Gespinste nebliger Sonne
oder von Regengewebe.

Wo bist du, wenn du neben mir gehst?

Immer Gespinste aus entrückten Zeiten,
zuvor und zukünftig:
Das Wohnen in Höhlen,
die ewige troglodytische Zeit,
der bittere Geschmack von den Säulen Heliogabals
und den Hotels von St. Moritz.
Die grauen Höhlen, Baracken,
wo das Glück beginnt,
dieses graue Glück.

Der Druck deines Armes, der mir antwortet,
der Archipelag, die Inselkette, zuletzt Sandbänke,

nur noch erahnbare Reste
aus der Süße der Vereinigung.
(Aber du bist von meinem Blute,
über diesen Steinen, neben den Gartensträuchern,
ausruhenden alten Männern auf der Anlagenbank
und dem Rauschen der Straßenbahnlinie sechs,
Anemone, gegenwärtig

mit der Macht des Wassers im Aug
und der Feuchtigkeit der Lippe –)

Und immer Gespinste, die uns einspinnen,
Aufhebung der Gegenwart,
ungültige Liebe,
der Beweis, daß wir zufällig sind,
geringes Laub an Pappelbäumen
und einberechnet von der Stadtverwaltung,
Herbst in den Rinnsteinen
und die beantworteten Fragen des Glücks.

Die Donaubrücke von Ingolstadt,
das Altmühltal, Schiefer bei Solnhofen,
in Treuchtlingen Anschlußzüge –

Dazwischen
Wälder, worin der Herbst verbrannt wird,
Landstraßen in den Schmerz,
Gewölk, das an Gespräche erinnert,
flüchtige Dörfer, von meinem Wunsch erbaut,
in der Nähe deiner Stimme zu altern

Zwischen den Ziffern der Abfahrtszeiten
breiten sich die Besitztümer unserer Liebe aus.
Ungetrennt
bleiben darin die Orte der Welt,
nicht vermessen und unauffindbar.

Der Zug aber
treibt an Gunzenhausen und Ansbach
und an Mondlandschaften der Erinnerung
– der sommerlich gewesene Gesang
der Frösche von Ornbau –
vorbei.

Kraniche, Vogelzüge,
deren ich mich entsinne,
das Gerüst des trigonometrischen Punkts.

Hier fiel es mich an,
vor der dunklen Wand des hügeligen Gegenufers,
der Beginn der Einsamkeit,
ein Lidschlag, ein Auge,
das man ein zweites Mal nicht ertrüge,
das Taubenauge mit sanftem Vorwurf,
als das Messer die Halsader durchschnitt,
der Beginn der Einsamkeit,
hier ohne Boote und Brücken,
das Schilf der Verzweiflung,
der trigonometrische Punkt,
Abmessung im Nichts,
während die Vogelzüge sich entfalten,
Septembertag ohne Wind,
güldene Heiterkeit, die davonfliegt,
auf Kranichflügeln, spurlos.

All ihr herbstlich Fliegenden
Vogelwind, Vogelblätter –
Weinlese ist gehalten,
in den Bergen fällt Schnee.

Ludwig wollte nicht, daß man ihn essen sah.
Zu unsichtbaren Kerkern gerinnt der Föhn,
wie leicht aber erklärte sich alles
aus den Wirbeln des fallenden Eschenblatts!

Vom Wald her beginnt der Regen,
der zur Tafel des Königs kommt,
vom Rohr her die Glocke der weidenden Kühe,
daß er die Ohren mit Wachs verstopft.
Hinter den Schlüssellöchern lachen die Diener.

All ihr herbstlich Fliegenden,
schwarze Blätter zur Dämmerung,
wenn die ersten Fenster hell werden
mit verzweifeltem Licht,
wenn ich mein Kind lachen höre
und die Augen hinter den Händen verberge.

Nachrichten, die für mich bestimmt sind,
weitergetrommelt von Regen zu Regen,
von Schiefer- zu Ziegeldach,
eingeschleppt wie eine Krankheit,
Schmuggelgut, dem überbracht,
der es nicht haben will –

Jenseits der Wand schallt das Fensterblech,
rasselnde Buchstaben, die sich zusammenfügen,
und der Regen redet
in der Sprache, von welcher ich glaubte,
niemand kenne sie außer mir –

Bestürzt vernehme ich
die Botschaften der Verzweiflung,
die Botschaften der Armut
und die Botschaften des Vorwurfs.
Es kränkt mich, daß sie an mich gerichtet sind,
denn ich fühle mich ohne Schuld.

Ich spreche es laut aus,
daß ich den Regen nicht fürchte und seine Anklagen
und den nicht, der sie mir zuschickte,
daß ich zu guter Stunde
hinausgehen und ihm antworten will.

BACH IM DEZEMBER

1

Der grüne Schopf der Wasserpflanzen,
von der Strömung
dem Stein in die Stirne gekämmt.
Die Gedanken
machen das Wasser eisig.

2

Die Linien der Eisränder zeichnen Unruhe auf,
das Fieber des Schilfs, die Erdbeben der Schnecken.
Ihre Diagramme werden erwartet.

3

Der Ölfleck fuhr hinab wie ein Boot,
der Schatten der Angel ist vergessen.
Strömung, Einsicht der Fische –

1

Stadt auf wievielen Hügeln.
Ergrautes Gelb.
Einen Glockenton gibt es dir mit,
hörbar im Klirren
deiner Erkennungsmarke.

2

Abhänge wie die Angst unzählbar.
Die Straßenbahn endet
in einer Steppe von Unkraut
vor abgegriffenen Türen.

Die Schwermut kommt von Süden,
daß wir die Schneefelder sehen
und die Waldblößen,
die Stellen im Herzen,
die vergessen sind,
Baumgruppen des Zweifels,
die geschwungenen Wege der Zuversicht
und die Zäune der Armut.

Ob die Toten den Föhn spüren,
zeigen die Brachfelder an.
(Es ist verschieden
wie die Schneereste verschieden sind.)
Die Nachricht der Maulwurfshügel
wird noch weitergegeben,
aber nicht mehr gültig sind
die Namen der Dörfer.

Als ich das Fenster öffnete,
schwammen Fische ins Zimmer,
Heringe. Es schien
eben ein Schwarm vorüberzuziehen.
Auch zwischen den Birnbäumen spielten sie.
Die meisten aber
hielten sich noch im Wald,
über den Schonungen und den Kiesgruben.

Sie sind lästig. Lästiger aber sind noch
die Matrosen
(auch höhere Ränge, Steuerleute, Kapitäne),
die vielfach ans offene Fenster kommen
und um Feuer bitten für ihren schlechten Tabak.

Ich will ausziehen.

REISE

Du kannst dich abwenden
vor der Klapper des Aussätzigen,
Fenster und Ohren verschließen
und warten, bis er vorbei ist.

Doch wenn du sie einmal gehört hast,
hörst du sie immer,
und weil er nicht weggeht,
mußt du gehen.

Packe ein Bündel zusammen, das nicht zu schwer ist,
denn niemand hilft tragen.
Mach dich verstohlen davon und laß die Tür offen,
du kommst nicht wieder.

Geh weit genug, ihm zu entgehen,
fahre zu Schiff oder suche die Wildnis auf:
Die Klapper des Aussätzigen verstummt nicht.

Du nimmst sie mit, wenn er zurückbleibt.
Horch, wie das Trommelfell klopft
vom eigenen Herzschlag!

Der graue Spitz des Pfarrers
an der Sakristeitür.
Vor seinen erblindenden Augen
schwirren im Sand die Flügel der Sperlinge.

Er spürt wie Erinnerungen
die Schnur des Fasanenbündels,
die in der Friedhofsmauer als Riß erschien,
das Beben der Grabsteine,
wenn die Raupe buckelt vorm lähmenden Stich,
die Verfärbung der Ziegel
beim Schrei des sterbenden Maulwurfs.

Gelassen vernimmt er
das Gerücht aus den Wäldern,
die Tore des Paradieses würden geöffnet.

Gleich wird es regnen, nimm die Wäsche herein!
Auf der Leine die Klammern schwanken.
Ein Wolkenschatten verdunkelt den Stein.
Die Dächer sind voller Gedanken.

Sie sind gedacht in Ziegel und Schiefer,
gekalkten Kaminen und beizendem Rauch.
Mein Auge horcht den bestürzenden Worten, –
o lautloser Spruch aus dem feurigen Strauch!

Ein Schluchzen beginnt in mir aufzusteigen.
Die wandernden Schatten ändern den Stein.
Ein Windstoß zerrt an den flatternden Hemden.
Gleich regnet es. Hol die Wäsche herein!

Im Sonnenlicht

Die Sonne, wie sie mir zufällt,
kupfern und golden,
dem blinzelnden Schläfer, –
ich habe sie nicht verlangt.

Ich will sie nicht, wie sie die Haut mir bräunt
und mir Gutes tut,
ich fürchte das Glück, –
ich habe es nicht verlangt.

Die ihr sie hinnehmt,
kupfern und golden,
daß sie das Weizenkorn härtet,
daß sie die Traube kocht, –
wer seid ihr, daß ihr nicht bangt?

Was üppig sie gab,
was wir genommen ohne Besinnen,
das unverlangte Geschenk, –
eines bestürzenden Tages
wird es zurückverlangt.

Was zu verschwenden erlaubt war,
die kupferne Scheidemünze,
die Haufen Goldes,
die vertanen Reichtümer, – genau
wird es zurückverlangt.

Aber wir werden leere Taschen haben
und der Gläubiger ist unbarmherzig.
Womit werden wir zahlen?
O Brüder, daß ihr nicht bangt!

BETRACHTET DIE FINGERSPITZEN

Betrachtet die Fingerspitzen, ob sie sich schon
                                    verfärben!

Eines Tages kommt sie wieder, die ausgerottete Pest.
Der Postbote wirft sie als Brief in den rasselnden
                                    Kasten,
als eine Zuteilung von Heringen liegt sie dir im
                                    Teller,
die Mutter reicht sie dem Kinde als Brust.

Was tun wir, da niemand mehr lebt von denen,
die mit ihr umzugehen wußten?
Wer mit dem Entsetzlichen gut Freund ist,
kann seinen Besuch in Ruhe erwarten.
Wir richten uns immer wieder auf das Glück ein,
aber es sitzt nicht gern auf unsern Sesseln.

Betrachtet die Fingerspitzen! Wenn sie sich schwarz
                                    färben,
ist es zu spät.

Keins von den Büchern werde ich lesen.

Ich erinnere mich
an die strohumflochtenen Stämme,
an die ungebrannten Ziegel in den Regalen.
Der Schmerz bleibt und die Bilder gehen.

Mein Alter will ich in der grünen Dämmerung
des Weins verbringen,
ohne Gespräch. Die Zinnteller knistern.

Beug dich über den Tisch! Im Schatten
vergilbt die Karte von Portugal.

EINSICHT

Alle wissen,
daß Mexiko ein erfundenes Land ist.

Als ich das Küchenspind öffnete,
fand ich die Wahrheit
zugedeckt
in den beschrifteten Büchsen.

Die Reiskörner
ruhen sich aus von den Jahrhunderten.
Vorm Fenster
setzt der Wind seinen Weg fort.

Taubenflug über die Äcker hin, –
ein Flügelschlag, der schneller ist als die Schönheit.
Sie holt ihn nicht ein, sondern bleibt mir
als Unbehagen zurück im Herzen.

Als wäre auch Taubengelächter vernehmbar
vor den Schlägen, den grün gestrichenen
                              Zwerghäusern,
und ich beginne nachzudenken,
ob der Flug ihnen wichtig ist,
welchen Rang die Blicke zum Erdboden haben
und wie sie das Aufpicken des Korns einordnen
und das Erkennen des Habichts.

Ich rate mir selbst, mich vor den Tauben zu fürchten.
Du bist nicht ihr Herr, sage ich, wenn du Futter
                              streust,
wenn du Nachrichten an ihre Federn heftest,
wenn du Zierformen züchtest, neue Farben,
neue Schöpfe, Gefieder am Fuß.
Vertrau deiner Macht nicht,

so wirst du auch nicht verwundert sein,
wenn du erfährst, daß du unwichtig bist,

daß neben deinesgleichen heimliche Königreiche
                              bestehen,
Sprachen ohne Laut, die nicht erforscht werden,

Herrschaften ohne Macht und unangreifbar,
daß die Entscheidungen geschehen im Taubenflug.

ENDE AUGUST

Mit weißen Bäuchen hängen die toten Fische
zwischen Entengrütze und Schilf.
Die Krähen haben Flügel, dem Tod zu entrinnen.
Manchmal weiß ich, daß Gott
am meisten sich sorgt um das Dasein der Schnecke.
Er baut ihr ein Haus. Uns aber liebt er nicht.

Eine weiße Staubfahne zieht am Abend der
                                    Omnibus,
wenn er die Fußballmannschaft heimfährt.
Der Mond glänzt im Weidengestrüpp,
vereint mit dem Abendstern.
Wie nahe bist du, Unsterblichkeit, im
                                   Fledermausflügel,
im Scheinwerfer-Augenpaar,
das den Hügel herab sich naht.

Nachts hören, was nie gehört wurde:
den hundertsten Namen Allahs,
den nicht mehr aufgeschriebenen Paukenton,
als Mozart starb,
im Mutterleib vernommene Gespräche.

HIMBEERRANKEN

Der Wald hinter den Gedanken,
die Regentropfen an ihnen
und der Herbst, der sie vergilben läßt –

ach, Himbeerranken aussprechen,
dir Beeren ins Ohr flüstern,
die roten, die ins Moos fielen.

Dein Ohr versteht sie nicht,
mein Mund spricht sie nicht aus,
Worte halten ihren Verfall nicht auf.

Hand in Hand zwischen undenkbaren Gedanken.
Im Dickicht verliert sich die Spur.
Der Mond schlägt sein Auge auf,
gelb und für immer.

I

Oder, mein Fluß,
der keine Quelle hat:
In Tropfen sickert es
aus Gebirgen von Zeit,
Wasser, das nach Kindheit schmeckt.

Oder, mein Fluß,
eine Breite, um Holüber zu rufen,
ein November für Regen.

Schleier, über die Rübenäcker gezogen,
nicht unterscheidbar Wiesenufer und Bergufer,
Stimmen auf Buhnen und Treidelweg,
bei den strähnigen Weiden und dem Schilfrohr,
Glocken aus Frankfurt und die Sagen der Reitweiner
                                                Berge,
die Fähre in Lebus und das Haus
rechts der Oder, wo ich geboren bin,
die Schmiede in Podelzig und die Erzählungen
der Großmutter, die den Mörder Sternickel sah,
die Ferne fährt in Kähnen vorbei,
gleichgültig und mit Flaggen am Bug.

Unruhe bei Windstille und Wind,
eine Besonderheit im Klang der Uhren,
das Mehl des Holzwurmes als Hieroglyphe,

die Brennereien in den Gutshöfen,
Unzufriedenheit, die sich in Schnaps ertränkt.
Er kommt, geht bald wieder fort.
In Küstrin sah Friedrich, wie Katte enthauptet
ward.

In Freienwalde besuchte Fontane seinen Vater.
Zerstört ist das Haus,
wo Kleist seine Kindheit verbrachte.

Unruhe in Ackerfurchen und Holundergebüsch,
Unverständliches in den Herzen.
Das Vollkommene gedeiht nicht,
hier bändigt keiner zu edlem Maß das Ungebärdige,
und das Dunkle ist wie vor der Schöpfung
ungeschieden vom Hellen.

2

Über meinem Fluß
stehen Mond und Sternbilder wie anderswo.
Ein ähnlicher Wind wie landein, landaus
weht Staub auf die Weiden
Das Wasser hat seine Fische,
die Luft ihre Vögel.
Nicht hier wurde die Welt benannt.

Aber hier wurden die Stunden in Wasser
                                        verwandelt,
meine Jahre wachsen als Gras,
aus Augenblicken baute man Häuser.
Hier wohnen nun die Abschiede und die
                                        Wiederkehr.
hier wurde die Zeit seßhaft,
wie ein Kätner, der zu arm ist,
um wegzuziehen. Er bleibt.

Doch ein schwimmendes Holz,
ein schwebendes Teilchen Sand,
Schuppe des Fisches und ein Menschenhaar,
rascher schwemmt alles mein Fluß hinweg,
den drei Mündungen zu, der See und dem Salz.

DIE HERKUNFT DER WAHRHEIT

Die Herkunft der Wahrheit bedenken:
ihre mit Sand behafteten Wurzeln,
ihre Fußspur,
die meßbare Bewegung der Luft,
wenn sie als Vogel kam.

Einsicht aus Pervitin,
zum Abflug gesammelt mit den Schwalben.
Fort, fort, in den Abend und übers Gebirge!

Andere, Steinmetzzeichen im Laub,
nur begreiflich dem Schlafe
und eins mit den Schmerzen der Großmütter:
Mach die Augen zu,
was du dann siehst,
gehört dir.

Wir bescheidenen Übersetzer,
etwa von Fahrplänen,
Haarfarbe, Wolkenbildung,
was sollen wir denen sagen,
die einverstanden sind
und die Urtexte lesen?
(So las einer
aus Eulenspiegels Büchern
die Haferkörner.)

Vor soviel Zuversicht
bleibt unsere Trauer windig,
mit Regen vermischt,
deckt die Dächer ab,
fällt über jedes Lächeln,
nicht heilbar.

für Peter Huchel

Wer wird die Wäsche trocknen,
die am Fluß geklopft wird,
die Wäscherinnen zu Grabe tragen
im gestickten Hemd?
Wer spult die Garnrollen zurück,
vernäht seit Jahrzehnten?

In Weißwarengeschäften
läuft die Zeit ab,
wenn über Mittag
die Tür verschlossen ist,
der Schlüssel von innen steckt.

Wir wollen nicht warten,
bis die Fragen beantwortet sind.
Wir gehen vor zwei
und dem Hochwasser nach
auf Umwegen, ohne Zeit.

ALTE POSTKARTEN

1

Hier wollte ich Straßenbahnen anlegen
und schaukeln
auf der Kette des Kriegerdenkmals.
Ein Zeichen für Taubstumme.
Eine Predigt für die Bäcker,
die sich räkeln im Morgenwind.

2

Der Ausblick, allmählich
verfärbt von Leim,
Deckblätter und Straße
zerschnitten
vom selben Messer.
Die Asphaltierung ist
geplant wie das Sterben.

3

Zwei deutliche Schriften, –
eine Fahrradwanderung
zu Burgruinen.
Uns aber gehts gut.
Wir spielen im schwarzen Sand.

Wir kauen Brot
für die Risse in den Tapeten.

4

Blasrohre am Sedantag,
drei null vier,
ein Rot in den Linden.
Morgen morgen morgen.

5

Halte dich fest
an den Seilen der Gerber,
bis die Engel kommen
mit Schirmmütze und Schultertuch,
nach dem Zeugnis der Steine,
dem vertrauenswürdigen
Abdruck in Rauch.

NEUE POSTKARTEN

1

Triste Lastwagen und
Restaurants, an die ich nicht glaube.
O liebes Herbstlaub
und der Wind
durch slowenische Zimmer.

2

Sei bedankt, aber verlaß uns.
In den Höhlen der Rattenfänger
waren wir längst.

3

Oder, mein Fluß, erklärbar
aus Quellen und Nebenflüssen,
mein Morgengewinn, meine Unruh,
meine Sanduhr über den Ländern.

4

Mühlen vermisse ich hier.
Das Wasser träge,
der Wind stockt.
Zeit für Walzwerke,
vielleicht Lehmgruben
und Scheunenbrand,
Hüte für
Kossäten.

5

Surinam und die Raupen.
Erinnere dich, Merian
Maria Sibylla,
ich war das rechte
gebogene Nelkenblatt.

BERICHT AUS EINEM KURORT

Ich habe das Wasser noch nicht getrunken,
halte auch nichts davon.
Aber der Bahnhofsumbau
läßt an Zukunft denken,
das macht mich störrisch.

Mein Blutbild und Koniferenozon,
das Mißtrauen der Badeärzte.
Natur
ist eine Form der Verneinung.
Die Gedichte in der Kurzeitung
sind besser.

Satzgegenstände, begriffen
von allen Händen.
Gelächter färbte das Lampenglas,
in Leitungsrohren
rauschen Verse zu Spülicht,
ein Morgenrot, ein Gelb von gestern.

Wie verläßt man das Haus ungesehen?
Wie verläßt man sich
im Fall der Nüsse,
im Wegwehn der Interpunktionen,
ohne Schatten
gemischt unter alle Wörter?

NACHHUT

Steh auf, steh auf!
Wir werden nicht angenommen,
die Botschaft kam mit dem Schatten der Sterne.

Es ist Zeit, zu gehen wie die andern.
Sie stellten ihre Straßen und leeren Häuser
unter den Schutz des Mondes. Er hat wenig Macht.

Unsere Worte werden von der Stille aufgezeichnet.
Die Kanaldeckel heben sich um einen Spalt.
Die Wegweiser haben sich gedreht.

Wenn wir uns erinnerten an die Wegmarken der
                                        Liebe,
ablesbar auf Wasserspiegeln und im Wehen des
                                        Schnees!
Komm, ehe wir blind sind!

Gebleicht die Minuten,
die mir für Träume bleiben,
ein Strychnin an der Theke bestellt,
deinen Augen gehorsam.
Ich kann gehen und komme wieder
in die Muster deiner Bluse,
wenn es längst dämmert
über den Schiffslichtern.
Komm! Die Rechnungen
sind geschrieben,
aus den Trompeten fährt Staub.

Brennesselbusch.
Die gebrannten Kinder
warten hinter den Kellerfenstern.
Die Eltern sind fortgegangen,
sagten, sie kämen bald.

Erst kam der Wolf,
der die Semmeln brachte,
die Hyäne borgte sich den Spaten aus,
der Skorpion das Fernsehprogramm.

Ohne Flammen
brennt draußen der Brennesselbusch.
Lange
bleiben die Eltern aus.

TAUERNTUNNEL

Nicht einverstanden
mit den Zäsuren
der Schienen und der Beleuchtung,
der Täuschung,
die sich ins Freie fortsetzt,
in Stellwerk
und Sternenhimmel.

Trochäen, Reime
vor ungereimten Zimmern.
Einmal betroffen
von der Harmonie
im Gang der Gestirne,
überhörst du den Seufzer derer,
die Hungers sterben.

WILDWECHSEL

Schweigt still von den Jägern!
Ich habe an ihren Feuern gesessen,
ich verstand ihre Sprache.
Sie kennen die Welt von Anfang her
und zweifeln nicht an den Wäldern.
Zu ihren Antworten nickt man,
auch der Rauch ihres Feuers hat recht,
und geübt sind sie,
den Schrei nicht zu hören,
der die Ordnungen aufhebt.

Nein, wir wollen fremd sein
und erstaunen über den Tod,
die ungetrösteten Atemzüge sammeln,
quer durch die Fährten gehn
und an die Läufe der Flinten rühren.

für Nelly Sachs

OHNE UNTERSCHRIFT

Die Antworten: Raupen unter der Rinde
gefällter Pappeln,
Essigbäume am Beginn der Steigung,
verdunstetes Wasser im Honigglas.

Eine Weltordnung durch Schnittblumen
und die gefällige Linie der Waldränder.
Einige Geheimnisse
an Windrädern aufbewahrt,
genug für Klarheit und Überdruß –

Keine Fragen mehr, Einverständnis,
überlappt von Tod.

Ich verrate
das Geheimnis des fleißigen Schülers.
Kein Schilf hat geflüstert,
das Dickicht hielt dicht,
an keiner Mauer
Kreide für seinen Namen vergeudet,
kein Hauch in ein Telefon.

Ich verrate,
was niemand wissen will:
Jaques Devant ist lange tot.
Er hat ein Grab nahe den Pyrenäen,
er war schuldlos.

Ich kenne die Umstände:
Die Weingärten und die Kirchenführung
und die Küster, wie sie wechselten.
Ich verrate
ein altes Schärpentuch,
den verdorrten
Vorwurf der Gräser.

UNTER DEM TAURUS

Die seldschukischen Träume
zu Parkwegen verwirklicht,
das brüchige Kutschenleder
ehe es zu Seufzern zerfällt,
die ich morgen tue:

wenn die Turbane
von den Sarkophagen genommen,
die Tonkrüge
umsonst gekauft sind,
und in dem Dorf,
das ich noch nicht kenne,
Reif in den Schafsfellen hängt.

UNTERM SCHLERN

Seit daß fließen will der Schnee
von der Seiseralpe, –
versäumt, versäumt,
und mit gelben Fingern
an die dürftige Luft,
an meine einäugige
Heimat geschrieben.

Die Wörter, die Namen
mit meinem Ohrring aus Sidon.
Gold und Jahre werf ich dazu,
Unrat, die Mauern hinab.

Hier wo es heimlich war
wie der Moderduft aus den Betten, –
die ledernen Knechte
und lüsternen Mädchen,
und keine Fackeln mitgebracht
aus dem lustigen Herbst,
nur Fleisch eingesalzen
für den Untergang –

Mit Wörtern und Namen,
die mich im Turm hielten bei Wasser,
will ich trinken.

Die Treppe, die zu den Kohlen hinabführt, –
adieu!
Noch klappern die Holzschuhe,
dann zwischen gelesenen Zeitungen
ein Rest von Zukunft,
Hohlmaße und Hasenspuren,
ein Muster aus Luft
für die Müdigkeit
und fernes Geschrei, adieu,
für gute Tage.

Nun ist alles besprochen,
die Zukunft der Freunde,
die Pflasterung,
die Anhänger mit Vogelvau.

Nun ist alles besprochen
bis ans Ufer, wo sie angeln.
Alle Brücken wie in Avignon,
halb und sie tanzen darauf.

Nun ist alles besprochen,
die Urkunden und die Schwermut,
Versuche in Wasserfarben, Versuche
mit Scheunenschlüsseln und Schnee.

Zugängliche
Minuten weiß ich
genug.

Die rote Lampe
in den durchlöcherten
Malvenblättern.
Laß dieses ohne Zeit
unangetastet
von Verstehen.

Nicht an Küsse erinnert,
aber an Tuchhandlungen,
an Gewebe aus Cottbus,
blau für den Abend.
Wenig Verse fahren die Spree hinab.

Hier muß Stomps wohnen
zwischen den Zeilen.
Die Jahre verwechseln mich,
das rote Salz auf den Schienen
war das, was ich mitnahm.

Wie haltbar der blaue Anzug ist!
Seine Fürsprecher ruhen aus,
schräg in der Haltung wie der Fahrer,
der die Kurve zu schnell nahm,
ruhen aus, ruhen aus.

Kulissen vor meiner Trunksucht
und Rauch in den Etüden für Julia,
keine Erbschaft,
die mich anziehend machte,
und meine Freunde
sind mir noch nicht begegnet.

AUSKÜNFTE AUS DEM NACHLASS

Nach dem Kalkofen befragt:
Iltisse wohnen dort
und freundliche Mädchen.

In den Schutthaufen
Anfänge von grauem Star,
die Schöpfung
nah vor der Lesebrille.

Ich höre wenig:
Die Gänge im Motor,
Hilferufe, wenn niemand ruft.

Immer habe ich Brennesseln geliebt,
und jetzt erfahren,
daß sie nützlich sind.

Vergeblich die böse Hoffnung,
daß die Schreie der Gemarterten
die Zukunft leicht machen:

Gib acht, wessen Stimme vor Rührung bebt,
wem es das Herz bewegt,
wenn der Walzenwechsel verkürzt wird
auf achtundzwanzig Minuten.

Seid gegrüßt, Friedhöfe!

HUHU

Wo die Beleuchtung beginnt,
bleibe ich unsichtbar.
Aus Briefen kannst du mich nicht lesen
und in Gedichten verstecke ich mich.

Den letzten Schlag
gab ich euch allen.
Mich triffst du nicht mehr,
solang ich auch rufe.

FUSSNOTE ZU ROM

Ich werfe keine Münzen in den Brunnen,
ich will nicht wiederkommen.

Zuviel Abendland,
verdächtig.

Zuviel Welt ausgespart.
Keine Möglichkeit
für Steingärten.

ZUM BEISPIEL

Zum Beispiel Segeltuch.

Ein Wort in ein Wort übersetzen,
das Salz und Teer einschließt
und aus Leinen ist,
Geruch enthält,
Gelächter und letzten Atem,
rot und weiß und orange,
Zeitkontrollen
und den göttlichen Dulder.

Segeltuch und keins,
die Frage
nach einer Enzyklopädie
und eine Interjektion
als Antwort.

Zwischen Schöneberg
und Sternbedeckung
der mystische Ort
und Stein der Weisen.

Aufgabe, gestellt
für die Zeit nach dem Tode.

17 Formeln

1

Hoffnung, alte Wolfsfährte

2

Mein Versteck in der Dreiteilung des Winkels

3

Eine Knotenschrift für Regina Ohlsen

4

Erleuchtet durch hölzerne Verschläge

5

Gerüche aus Bildzeitungen

6

Katzenschatten, stille Feiung gegen das Glück!

7

Eunuchen im Ausverkauf

8

Als Antwort Insektenschwärme

9

Weh dir, daß du mit Wasser kochst!

10

Lachreiz vor Säulen

11

Keine Flügel

12

Dir, Scott, der zu spät kam!

13

Zähmst du den Bienenwolf?

14

Schrei, meine Gleichung, schrei!

15

Fromm durch Indianersprachen

16

Fischbeinschwäche

17

Hortisilur

Laß nun die Abschiede
uns unauffällig
begehen,
wir fahren single,
weich, ohne Paßkontrolle,
laß uns fahren, laß uns,
und immer
nach Friaul, nach Gradisca,
nimm günstig auf
meine Seufzer, meine Billete,
die Eintragungen
in Gipfelbücher, die in große
lappige Ohren
oder in greifende Rüssel
geflüsterten Wörter.

Diese Flugzeuge
zwischen Boston und Düsseldorf.
Entscheidungen aussprechen
ist Sache der Nilpferde.
Ich ziehe vor,
Salatblätter auf ein
Sandwich zu legen und
unrecht zu behalten.

GEMISCHTE ROUTE

I

Die Wälder im Handschuhfach,
beliebige Städte,
Versprechen von Kost und Logis.

Mein Cortisongesicht
über die Weiden geschoben,
mein Elektroschock,
mein bequemes Motel.

Gerne geübt
die Freuden der Unnatur,
zusammengelebt
mit den weisen Ziffern des Fahrplans,
auf meiner Landkartenzunge
behalt ich die Länder für mich.

2

Ach: das ist aqua
und ist ein Seufzer.
Geh in die Meere!

Erreiche ohne Wissen
Kagoshima,
die erste Stadt,

ohne Wissen die Seufzer
der Anstaltstüren,
die Gewässer an Gerberein,

Fischküchen
südlich der Mainlinie,
die verdrossenen

roten Standlichter,
eine Datumgrenze
in Obergries,

eine Oberprima
bei Bodenturnen,
einen Abschiedsball

mit dem Mädchen Tabe
und den Liftgirls,
denen niemand zusieht,

erreiche
um Adieu zu sagen
Läden für Schreibwaren und

ein mittleres Fährschiff.

3

Endlich die Türen verschlossen,
die Hähne auf Null gedreht,
Asche im Ofen, sonst keine Reste,
wir können gehen.

Immer die Hohlwege, die Schneezungen,
wo sind die Rosen des Lehrers,
die Regentiere durch zerbrochene Fenster,
durch den Briefschlitz die Kinoprogramme,
donnerstags.

Wo sind, nach Schneezungen,
nach Donnerstagen, unsere
Wege? Waldein nach Hiroshima,
zwischen Hunden die Treppe im Steinbruch,
eine Spanne Trost aus Baracken gezogen,
aus morschem Gras, morschen Stricken.

1

Denk nicht
über die Ziegel nach,
das Auswintern, blaue Anflüge.
Die Maße sind geblieben
unter den Bauern,
eine Sagenart,
die einen von ferne enthält,
eine Wissensfamilie,
fruchtbar, verwundert,
das scharfsinnige
Gedächtnis eingebaut
in überwachsene Backöfen:
Ein Pferd
in der Lotterie gewonnen,
die Schwester des Brenners,
Winterarbeiter,
etwas geschrieben
in Tintenstiftzeichen
auf die Fliesen im Stallgang.

2

Steinlaibe,
luftdurchschossen,
von Regen gesäuert –
niemandes Hunger,
niemandes rotes Brot.
Schnapp nach den Ebenen,
in die Tonlager gehört die Zeit,
ein saurer Regen, eine
Kümmelspur, Rinde
aus Bildern.

3

Schlechte Bilanz.
Ein Jahrgang mißlungener Pfannen.
Wer kann es ausgleichen
in diesem kurzen Leben,
wenn die Glieder
von Wasser anschwellen
und man ratlos
auf die verpichten Spaliere schaut,
auf die Kanarienvögel,
die leichthin sterben
in der zufallenden Tür?

4

Isländisch Moos,
ein Flüsterwort
bei Gehörprüfungen,
verstanden
aus zwei Metern.

Eine bestimmte Dürre
hinter den wendischen Gräbern,
ein Gelände, das
hörbar wird unter den Pfoten
eines melierten Hundes.

Ein bestimmtes
isländisches
Geländewort, das
alles zukünftig wendische
Moos
unter uns Hunden,
unter uns Gräbern
hörbar ergraut
dürr flüsternd verpfotet.

5

Dachshunde,
ein großer Schimmel,
der Ziegel, der klingend wird.

Rhabarber im Garten Eden,
Wutausbrüche der Pfauen,
Ringöfen.

Der Lehrer Bibup aus dem Nachbardorf,
krank sein,
ein Automobil.

Das meiste zwischen Zoo,
Potsdamer Bahnhof, Molkenmarkt,
der Kaiser und die spanische Grippe,
Ereignisse und Konfektion,
ein totes Gesicht in den Kissen, Oktober,
alles was über Wanzen zu wissen ist,
alles über den Kellner Albert, die tristen
Fahrten aufs Land, immer schon
die fehlenden Zusammenhänge,
die Kinderstunden vorm Ausguß,
alles Hauptwörter, die Grippe,
Otto der Schütz, der Kaiser, alles
zwischen Holzmarktstraße und
Landwehrkanal, November.

Mein Freund Pfeffer
hat Sturm gesät,
eine Kugel in die Schläfe,
ein Querschläger ins Knie,
Rittmeister, die nicht reiten,
Meteorologie beendet,
wo Neffen und Nichten gedeihn,
mein biblischer Freund,
jetzt gilt es,
die Igel zu kämmen,
die Welt geht
ohne Verwaltung zugrunde
und an ungelösten
urologischen Problemen,
mein Freund Pfeffer
hat Windstille geerntet,
Wiedersehn!

ABSCHLIESSEND

Und laß den Schnee
durch die Türritzen kommen,
der Wind weht, das ist sein Geschäft.

Und laß Lena vergessen sein,
ein Mädchen, das
Spiritus aus der Lampe trank.

Ging ein in die Ab-
bildungen aus Meyers Lexikon,
Brehms Tierleben.

Eingeweide, Gebirgsformen, gemeines Uferaas,
und laß den Schnee
durch die Türritzen kommen

bis ans Bett, bis an die Milz,
wo das Gedächtnis sitzt,
wo Lena sitzt,

der Leopard, die süchtige Möwe,
Rechenkniffe in gelben
Lieferungen und abonniert.

Und laß den Wind wehen,
weil er sonst nichts kann,
und gönne Lena

noch einen Schluck aus der Lampe
und laß den Schnee
durch die Türritzen kommen.

Auf Rübenäckern zuhause,
Sternickel,
ein wilhelminischer Mörder,
steinern, wie wars
mit den Pfeffertüten,
den Verfolgern, die sich
die Augen rieben, überall
versagen die Quellen, ich möchte
meiner Heineschen Großmutter glauben,
sie erfand gut und kannte
die Hohlwege mit Teufelszwirn,
suchte die Taufpaten aus,
verwahrte auch
rohe Eier in der Kommode, ihr
danke ich manche Abneigungen,
zum Beispiel gegen
Sonnenauf-, Sonnenuntergänge,
überhaupt das ganze
prächtige Vehikel,
eine Madame Pompadour,
wie sie sagte, sie zog
Streichhölzer vor.

RAUCHBIER

Brezelverkäufer und taubstumm,
meine Schlagzeilen,
die im Durchgang hocken
vor einem gemeinsamen Bier.

Ich starre auf ihre Gespräche,
ihr bescheidenes
und dauerhaftes Entsetzen,
meine Schlagzeilen,
meine Kennedys,
meine Chruschtschows.

6

Erzähle mir was
aus den Katalogen,
und wo du lange warst,
von den Briefmarken im Bienenhaus,
den Großväterberufen
und vom Hufgeruch.
Ich zähl dir die Tropfen
auf den Zucker,
eine Primzahl,
und esse mit.

7

Paris,
das mich an mexikanische
Hüte erinnert,
Bänder
mit den Schritten der Lieblinge,
Auskünfte, Senfkörner.

8

Kraniche
gibt es keine bei uns.
Aber doch Frauen
und Wettläufe und
ein Gelächter zum Nachdenken,
alt wie
Renaissancetreppen
mit den Schritten der Zuchthäusler
hinab.

9

Wir gehören zu den letzten.
Links ein Höhlenkenner
fuhr gestern ab.
Das Eingekochte ist alle.
Ich dachte, auch gestern,
an die Ölkrüge der Kreuzfahrer,
mit übergeben an die Belagerer,
ehrenvoll,
an den Regen.

10

Warum der Kaffee
nicht getrunken wurde?
Wir saßen doch gut
in den Überschwemmungen,
hatten gemietete Kähne
zwischen den Boulevardbäumen.
Warum der Zucker
sich nicht löste?
Nichts kam zu Ende.
Zu erzählen sind
die Untertassen, eine
Charlotte, die kassierte, die
traurig durchnäßten Rüschen.

11

Es geht,
es geht.
Aber wenn der Krieg vorbei ist,
fahren wir nach Minsk
und holen die Großmutter ab.

6

Die Katze erwartet auch hier
im Gras ihren Vogel.
Die Erdbeben hielten wir immer
für eine zufallende Tür.
Die Kinder werden grau.

7

Oh Jägergrün, Delphintage,
die Ahornböden
übersetzt in Gefühl.

Einverstanden,
so wollen wir lesen
die Anleitungen für Überlebende.

8

Palmyra
ist ein Zank um Trinkgelder,
Schwiegervater, Schwiegersohn,
die Oberfläche geht erdeinwärts,
Ablagerung von flüchtigem Hölderlin,

die richtigen Attribute,
weil er nicht da war,
keine Deutungen,
die jemanden müde machen.

9

Ein kranker Schnee
und die in Tretbädern
leicht löslichen Patienten, –
hebt mich auf
für die vorletzte Sprechstunde,
wenn die endgültigen Winde
die langen Gedichte hersagen.

WEITGEREIST

Gleich hinter Vancouver
beginnt der Wald,
beginnt nichts,
beginnt, worüber wir fliegen.

Alles nördlich, wie du es liebst,
ein Salzkorn für die Waldläufer,
lederne Beutel, vielleicht
für Schwarzpulver, Gewürze, Tabak.

Was beginnt, geht sehr weit,
ein Rauch aus dem Böhmerwald,
ein Perspektiv, es gibt
wenig Menschen.

LANDSCHAFTSKUNDE

Eins kenne ich
von den seltenen Trockentälern,
mein Bruder kennts,
meine taube Mutter.

Es gibt nichts zu hören,
gibt keine Familien-
zusammenhänge, keine
Vorwände und Weisheiten.

Trockentäler sind
geologisch und eine Lebenshilfe,
nicht den Versteinerungen nachtrauern,
nicht auf der Herzseite schlafen.

So nützen sie uns
wie uns die Kamille nützt,
hügelseitwärts und
tautropfenweise, zum Einnehmen.

I

Des Toten gedenken

Ich bemerkte,
daß Erinnerung eine Form von Vergessen ist.

Es hieß:
die Flammen aus der Asche suchen,
Geologie betreiben in den verworfenen
Ablagerungen des Augenblicks,
die Abfolge Zeit wiederherstellen
aus der unlöslichen Chemie.
Es hieß:
die Kritik des Vogelflugs trennen
von den Vormittagseinkäufen
und der Erwartung der Liebe.
Dorthin gehen,
wo die Parallelen sich schneiden.
Die Forderungen der Logik
durch Träume erfüllen.
Die Versteinerungen aus den Vitrinen nehmen,
sie auftauen mit der Wärme des Blutes.
Das Zeichen suchen
statt der Metapher
und also den einzigen Ort,
wo du immer bist.

Ich mache mich auf den Weg,
die Ameisenhügel zu übersetzen,
den Tee zu kosten mit geschlossenem Munde,
die Tomaten zu schneiden
unter dem Salz der Verse.

2

Ihn zu sich bitten

Die Scham, daß der Überlebende recht hat,
enthoben der Entscheidung
und mit dem Hochmut des Urteils!

Wer leugnet,
daß das Grüne grün ist?
Das gibt unserm Wort
die schöne Sicherheit,
die Bedeutsamkeit des festen Grundes.
Aber die Stilisierung,
die ein Herz sich auferlegt,
behält seine Motive
wie der Ammonit,
den der Tote betrachtet.
Er möchte Fühler ausstrecken,
das Weinlaub verwandeln in Farnspiralen,
Irrtümer zum Blühen bringen,
den Herbst hören als Schneegeruch.

Vergiß aber die Häuser nicht,
in denen du mit uns wohnst.
Der Liegestuhl im Garten
wird dir recht sein
oder durchs Fenster die Baumansicht,
daß du die Ellbogen auf die Knie stützt.
Komm herein aus dem Regen und rede!

3

Mit ihm ins Gespräch kommen

Hier begann es nicht und begann es,
hier wird es fortgeführt
in einem Geräusch aus dem Nebenzimmer,
im Klicken des Schalters,
in ausgezogenen Schuhen hinter der Tür.
Ungültig wird die Blässe deines Gesichtes,
die die Farben verwischt.
Sätze kommen aus Gewohnheiten,
die kaum bemerkt wurden.
Die Art, die Krawatte zu binden,
ist ein entscheidender Einwurf,
die Fähigkeit schnell einzuschlafen
ein Beweis gegen eigene Auslegungen,
die Vorliebe für Tee
ordnet das Dasein der Tiere ein.

Sein Thema finden

Vertauschbar
das Klopfen an der Tür,
mit dem das Gespräch begann,
und das Winken,
als die Straßenbahn klingelte,
der Name auf dem Grabkreuz
und der Name an der Gartenpforte,
herangewachsene Kinder
und Kartengrüße aus Ragusa.

Worte als Schwingungen der Luft,
der Orgelton aus den Bälgen,
die Entscheidung,
das Lied zu hören
oder das Lied zu sein, –
windschiefe Geraden
zur Fallinie des Phosphors,
wenn das Thema beginnt.

Keine Variation geduldet,
nicht die Ausflüchte der Macht
und die Beruhigungen der Wahrheit,
mit List
die Fragen aufspüren
hinter dem breiten Rücken der Antwort.

Sein Buch und seinen Tod lesen

Figuren angesiedelt
in den stillgelegten Schächten von Zinnwald
hinter der Dämonie
von Mittelgebirge und Jahreszeit,
während der Vordergrund
von Schlägern besetzt wird,
die unsere Stunde unter sich teilen.

Pirna im Gleichgewicht mit den Pyramiden,
die Freiheit der Fernschnellzüge
von Blockwaltern in kleiner Münze kassiert,
Familie ethisch begründet,
Verachtung der Nomaden und Einzelgänger.

Als eifernde Adjektiva
kehren aber die Einwände
in die Sätze zurück,
ein Zug von Termiten,
der sie aushöhlt
zu einer dünnen Haut
von schwarzen Buchstaben.

Der Stil ist das Sterben,
der Schuß in den Unterleib,

weiße Rose im Morphiumtraum,
die Scherze vor dem Leben gemeint,
Salven ins Schneegestöber.

6

Zuversicht aus seinem Leben gewinnen

Während du teilhast an den Gedanken,
das Gespräch lenkst durch deinen Tod,
mitschreibend an Gedichten,
die Birnen aufliest
und neue Landschaften betrachtest
(– der Gartenarbeit aber
widerstand ich endgültig –)
währenddessen
erstarrte Simona zur Steinfigur,
ihre erdachte Wärme
unter der Kälte der Tränen.

Sie erwartet das Moos,
die Verletzungen durch den Regen,
Ranken und Vogelkot.
Verwittert wird sie erwärmt sein
zu einem Leben, das wir teilen wollen,
Geduld!

FORTSCHRITT

Entleert von Gedächtnis,
ich war fünf Glaskugeln,
ohne Laub, ohne Ausblicke:
Gestern wäre ein guter
Tag zum Sterben gewesen.
Heute beißen
den letzten die Hunde.

Zwischen Kohlblättern
wächst die feierliche
Mohnstunde,
eine sandige Liebe,
die auswandert.
Geh! Auf den Regalen
gärt das Eingemachte,
wir können
Spinnweben pflücken
den Kanal entlang
und eine Tasche voll Sand
ungesehen wegtragen
aus der Baustelle,
wir könnten, wenn
die Zäune nicht wären,
querfeldein gehn bis
Amsterdam.

Aber
eine Schnecke geb ich dir mit,
die hält für lange.

Sind gegangen,
sind gegangen wie Vögel, –
wer ging, wer flog,
Komma, Hühner,
Laufvögel, wer ging?

Sind gegangen,
sind geschwommen wie Hühner, –
siechenfarbig, die Bäche hinab,
wer ging, wer schwamm,
Fische, Fremdlinge,
Semikolon, wer ging?

Sind gegangen,
sind geflogen wie Fische,
wer ging, wer schwamm,
wer ist gestorben,
Hühner, unauffällige Kunden,
Fragezeichen,
Grenzgänger, wer ging?

WENIGER

Weniger Ziele
und kleiner,
reiskorngroß.

Nicht aufwendig,
das meiste in
Meditationen.

Für Armut schon
geeignet und
Zahnlosigkeit.

Noch kurze Schreie
über die Fahrbahn
hin, unbeachtet,

gesagt oder
nicht gesagt,
und reiskorngroß.

Silva,
der Wald, und Fingerhut
in den Tälern von Acherloo,
und Windspiele und Wind,
silva, insula,
qui umbram amant,
Grenzgebiete,
zweisprachig, und Wind,
silva, und bleib im Schatten,
Liebe, und bei Catull,
silvarum bestiae,
qui umbram amant,
und Herd
und Klause in Acherloo.

KLEINE TOCHTER

I

Jahre einholen
mit Lassos aus Häkelgarn,
nachgedunkelt, spinnweben, –
die Zunge des Wolfs, blaues
Marienkleid, die
Verwandtschaft des Lehrers,

verzwirnte Jahre,
Lesejahre, spinnweben
und nachgedunkelt,
Briefschaften im Schnee,
Pappteller für Bienen,

und dir über den Rücken
folg ich den Lesezeilen,
den Häkelzeilen, –
oh Fallada, mein Pferd,
mein Gänsekiel, meine Blume, –
den eingeholten Lassos.

2

Aber wann
legen wir die Hände in den Schoß?
Erwarten die aus Köln,
aus den Silberminen,
aus dem Tal von Acherloo?
Alle die damals schrien:
wer hat gesessen, gesessen, getrunken?
Denen du Korbsessel hinstellst
bei den nicht gezählten Luftmaschen,
und Wasserbetten und Mooskessel?
Die dir den Spiegel halten
dreimal übermorgen,
wer ist die schönste hier?

3

Mirjam hat mir ein Haus gebaut
aus Bananen und Wachstuch.
Da bleibe ich,
da erwarte ich alles,
Scrabble und Atemnot,
Labskaus und jedes
andre Gericht,
auch das jüngste.

Beide Sizilien
und die Oliven schwarz und grün,
zwei Weinfarben,
zwei Vaterländer:
der Tag Gestern,
der Tag Morgen.
Draußen
fahren die Freunde
mit ihren Wirklichkeiten vorbei,
die Feinde
mit ihrem Einverständnis.

Anginatage, blauer Schnee,
die Zeit versteckt
in Ausschnittbögen,
die Zeit ist blau, die Zeit ist Schnee,
und rote Ärmel, schwarzer Hut,
die Zeit ist eine gelbe Frau.

Anginatage, schweizerisch,
ist blau Devon,
schwarz Cambrium.
Commedia dell'arte Zeit,
Pantoffeln rot und rot Silur,
ein Plan von England gelb und Zeit.

Anginatage, blaues Kent,
die Zeit so gelb,
daß keiner sie erkennt,
ein schwarzer Zeigefinger
aus einem blauen Handschuh zeigt
die rote Mauer lang nachhause.

SCHLUSS EINES KRIMINALROMANS

Ich behalte die Ratschläge:
Gin mit Tonic
und Vorsicht vor rohem Fisch,
keine Sorge!

Aber wer
bedenkt dich auf leeren Seiten,
wer gibt dir Namen
nach dem Impressum,
eine Feuerleiter,
ein Lieblingsgift?

Letzte Indizien
Rotweinflecken und Filzschuh.
Aber das Taxi ist bestellt,
mürrisch ticken die Zeilen.

Keine Hoffnung
auf römische Ziffern mehr,
keine halbe Seite mit dir,
kein geänderter Text,
keine Fingerabdrücke,
die deine sein könnten,
auf meinen Klinken.

Lottoscheine,
Von Dickhäutern betrachtet,
die Sinnsprüche der Hauptfeldwebel.

Dies, oh Freund, ist mein Mohn.

Versmaße halten nicht vor.
Keine Lust mehr anzustehen
um die Aufenthaltserlaubnis
für erfundene Länder.
Lieber, laß uns die Einsätze
erhöhen, sicher sind
Kugel und Strick, die vergitterten
Fenster, sicher
die Farbflecken auf Papier
und alten Augen.

Da bin ich gewesen
und da,
hätte auch
dorthin fahren können
oder zuhaus bleiben.
Ohne aus dem Hause zu gehen,
kannst du die Welt erkennen.
Laotse begegnete mir
früher als Marx.
Aber eine
gesellschaftliche Hieroglyphe
erreichte mich im linken Augenblick,
der rechte war schon vorbei.

Normal

Sagt ihm,
er soll die Gabel links nehmen
und das Messer rechts.
Einarmig gilt nicht.

Vorsicht

Die Kastanien blühn.
Ich nehme es zur Kenntnis,
äußere mich aber nicht dazu.

Zuversicht

In Saloniki
weiß ich einen, der mich liest,
und in Bad Nauheim.
Das sind schon zwei.

Stille Post für jedes Jahr

Ich sag dir den ersten Januar ins Ohr.
Sag ihn weiter, ich warte.

Zwischenbescheid für bedauernswerte Bäume

Akazien sind ohne Zeitbezug.
Akazien sind soziologisch unerheblich.
Akazien sind keine Akazien.

Papierzeit

Urkunden und Aquarelle
bewahrt der Erzvater
in Papprollen auf.
Künftigen Forschern ein Zufall,
ist es doch weise Voraussicht.

Beitrag zum Dantejahr

Chandler ist tot
und Dashiell Hammett.
Mir liegts nicht,
mich an das Böse schlechthin
zu halten und
Dante zu lesen.

Ode an die Natur

Wir haben unsern Verdacht
gegen Forelle, Winter
und Fallgeschwindigkeit.

Hart Crane

Mich überzeugen
die dünnen Schuhe, der
einfache Schritt über Stipendien
und Reling hinaus.

GEOMETRISCHER ORT

Wir haben unsern Schatten verkauft,
er hängt an einer Mauer in Hiroshima,
ein Geschäft, von dem wir nichts wußten,
wir streichen ratlos die Zinsen ein.

Und, liebe Freunde, trinkt meinen Whisky,
ich werde die Kneipe nicht mehr finden,
wo meine Flasche steht
mit dem Namenszug,
eine Urkunde des guten Gewissens.

Ich habe den Pfennig nicht auf die Bank gelegt
bei Christi Geburt,
aber die Urenkel auf Menschen dressierter Hunde
habe ich gesehen auf den Hügeln der Donauschule
und sie sahen mich an.

Und ich will, wie die Einwohner von Hiroshima,
keine verbrannte Haut mehr sehen,
ich will trinken und Lieder singen,
nach Whisky singe ich,
und will die Hunde streicheln, deren Urahnen
Menschen ansprangen
in Steinbrüchen und Draht.

Du, mein Schatten
am Bankhaus in Hiroshima,
ab und zu

will ich dich besuchen mit allen Hunden
und dir zutrinken
auf das Wohl unseres Kontos.

Das Museum wird eingeebnet,
davor
werde ich zu dir schlüpfen,
hinter dein Geländer,
hinter dein Gelächter, unseren Hilferuf,
und wir passen wieder zusammen,
deine in meine Schuh,
genau
in die Sekunde.

Rauchzeichen für Freunde,
ein günstiger Tag, windstill,
am Abhang nordöstlich
antwortet es mir weiß.
Ich mische Kiefer ein.

Und nun Wand an Wand
mit Sprachtheorien,
Wand an Wand
hustet mit Goldzähnen meine Traurigkeit,
auf den Holzgängen
Regen und Holzsandalen,
überall ende ich,
sorgenvoll bewegen
meine Zehen im Finstern
das Finstere,
ich bedaure mich,
ich bin nicht einverstanden mit meinen Zehen
nicht einverstanden mit meinem Bedauern,
ich vermisse die Rauchzeichen,
alt, schwarz und zugeneigt.
Jetzt kommen sie nicht mehr,
jetzt ist Nacht,
jetzt kommt das Feuer,

bestenfalls und
schlimmstenfalls.
Ich halte nichts vom Feuer,

ich halte nichts vom Rauch
und nichts vom Atem.
Ich halte etwas vom Husten,
vom Auswurf,
von den finsteren Gedanken der Krankheit,
vom Finsteren.
Mir sind auch Fotoapparate fremd
und die Kiefern im Blumentopf.
Die Kakifrüchte verstehe ich besser
und das heulende Altjapanisch
und die Verbeugungen am Ende der Rolltreppe
und den rohen Fisch.

Und viele Vokabeln mit und,
und alle
verräterisch herzzerreißend,
ich begrüße dich, Herz,
begrüße die Zerreißenden,
vielleicht gäbe es
Papierschiffe auf dem Kamo,
aus Bittschriften gefaltet,

das wärs,
anvertraut der einflußlosen
viel besungenen Pfütze,
ankern sie und warten
auf den Untergang der Bittsteller
und abschließende Vermerke.

Abends
steigt das Fieber in den Klinikbetten,
manches erfährt man da,
für manches sind die Beweise
nicht gültig,
im Papierkorb
rasseln die welken Blätter,
die Igel unter den Gebüschen,
fast stumm,
wohnen zugänglich
dem Stachelfell meiner Einsichten,
wir reiben sie aneinander,
höchstens Moos wird bewegt,
die Welt nicht.
Wir tauschen die Adressen,
wir tauschen
unsere persönlichen Fürwörter aus,

wir haben vieles gemeinsam,
die Sonnenaufgänge,
die Zukunft bis neunzehnhundertundsieben.
Dann üben wir das Atmen,
gemeinsam,
nach den Vorschriften von Cheyne
und den Vorschriften von Stokes,
so bringen wir die Zeit leicht hin
mit den Schnarchlauten
unsrer innersten Gedanken.

Wenn einer will,
soll er Fotos in die Schaukästen hängen,
Anekdoten erzählen
oder welchen zuhören,
die Lage besprechen,
Ornithologie, Schönschreiben,
vor allem Gute Nacht.
Ein entschlossener Clan, verharren wir
mit unsern Igeln
im zugespitzten Augenblick,
drehen uns nicht mehr um,
wo in Körben, Säcken, Fässern
das Geschehene sich stapelt,

ein Lagerhaus, offen für jeden,
da schlagen die Türen, schallen Schritte,
wir horchen nicht hin, sind auch taub,
unser Ort ist im freien Fall.
Büsche, Finsternisse und Klinikbetten,
wir siedeln uns nicht mehr an,
wir lehren unsere Töchter und Söhne die Igelwörter
und halten auf Unordnung,
unseren Freunden mißlingt die Welt.

Links eine Straße zum Hafen. Nicht die Einwohner,
die Topographien sind entscheidend.
Der reformierte Kirchgang, rotweiße
Vermessungsstäbe bilden den Gottesbegriff.
Wie sich die Straße an einer zoologischen Handlung
                                         krümmt,
der Empfänger meiner Brieftelegramme könnte es
                                         Liebe nennen.

Man fährt nicht nach Venedig oder Kyoto. In Winkeln
spielt sich die Welt ab.

Nur keine Spuren hinterlassen.

Neubauten, ungeborene
Zimmer, nach zehn
bitte Stille im Sarg.

Das Salz, das Brot
den alleinstehenden Untermietern –
legs hin, die Schaben
sind geduldiger und
werden dir Trost
ins Weißbrot flüstern.

PHILOLOGISCH

Ich dachte, ich schriebe für zwei.
Aber diese vertrackte
an Nadelholzzweigen hängende Schrift!

Man muß ein Examen machen
und die Kommilitonen
bleiben nach wenigen Doppelstunden aus.

Ich warte, weil der Lehrer mir leid tut.
Er hockt einsam inmitten seiner Schnalzlaute,
fröstelt in Gedanken an Schnee.

Vielleicht
hätt sich Trapezunt gelohnt.

Die schwarze Nordküste
mit Vokabeln der Volksbücher.

Er weiß es nicht,
wußte es nicht,
wird es nicht wissen.

OPTIK

Wenn das Auge schlechter wird,
geht man näher heran,
um die Freunde zu erkennen.

Setzt eine Brille auf,
benutzt Kontaktgläser
und bemerkt

ganz nahe
das Schwarze
unterm Fingernagel des Feindes.

NAMEN

Namen mit i
oder Namen mit o,
umsonst versuche ich,
mich an Konsonanten
zu erinnern.

Es rauscht vorbei
wie ein Telefonrauschen,
wie wie.
Ich horche angestrengt.
Viele Gespräche
im Jahre 1200,
sie betreffen mich,
aber die Aussprache ist anders,
ich habe Mühe.
Jemand mit a spricht
auf mich ein,
eine Art Händedruck,
den ich nicht erwidere,
ein Schluck Wein
eingetrocknet,
ein übriggebliebenes u,
ein vergebliches Ypsilon.

STEUERERKLÄRUNG

Verrottete Briefschaften (– inzwischen
Silbentrennung und Orthographie geändert –)
wir sammeln alles –

Telefonnummern
unsinnige Verabredungen,
Fliegenfüße.

Hier warten wir
auf den Mönch von Heisterbach,
auf sein rundes
Gesicht, das wir einmal hatten.
»Ach die Bilanz!« Er kommt atemlos.
Sind wir's?
Wir erkennen ihn nicht mehr.

Das träge Licht.

Ich badete gern mit Agnes Bernauer
aber sie ließ sich
in Straubing in einen Sack nähen.

Das Licht soll schnell sein,
aber es erreicht mich nicht.

So fand sie eine Möglichkeit
mir zu entfliehen,
träge wie Licht
schnell wie Licht.

Ob die ehrlichen Huronen
den steigenden Luftdruck
ausgleichen konnten –
sie sind mir nie begegnet.
Ich denke an Fähigkeiten
weit über die Ehrlichkeit.
Dabei könnte sie genug sein
als Trost, als Untrost,
als Wetterbeobachtung,
ein Reisesouvenir
und Erleichterung
des gichtigen Sterbens.

Erfahrungen abdrehen
und ungehemmt
zählen bis
93, auch weiter.

Jedenfalls
für die Silvesternacht
1999
bin ich verabredet.
Weiter im Gebirge, auf
einem Kanapee,
freue mich, man hat
wenig Abwechslung.

Ruh dich lange aus
von der warmen Milch,
dem frisch gefallenen Schnee.
Die Drucksachen warten nicht länger.

Ein Grasgelände, von Katzengräbern durchsetzt.
Meine Tochter wartet auf den Winter,
sie wächst aus den Schischuhen.
Mir wird das Postfach zu groß.

Morgen nehme ich Klavierunterricht,
es ist nie zu spät.
Der fröhliche Landmann
fährt eine Spur in den Schnee.

Sag mir nicht wieder: Horaz
und sterben lernen.
Keiner hat es gelernt,
es fiel sie nur an
wie die Geburt.

Zeit für mich,
das Gebirge abzukarren.
Ich hätte das Land gern flach.

Ich dachte:
Plattdeutsche Sätze,
Nomaden,
die an ihren teppichfreien
Tagen kommen, um mich
herumgehen und flüstern
aus dem Koran, plattdeutsch.

Wer kommt, hat sich
in meine Irrtümer verlaufen,
geht ohne Anruf davon.

Mit dem Rücken
an meine Pläne gelehnt,
über mürrisches Pflaster,
eingedenk der Ermordeten,
der unlesbaren Knotenschnüre,
der Sternwarten
und der tauben Stellen des Fleisches,
der Maya und der Brachvögel
abwandernd,
und aufgegeben die Schnalzlaute
afrikanischer Sprachen.

Vom Glück
bleiben zwei Papageien übrig,
der Münzfernsprecher.
Die Sätze wird jemand fortsetzen,
der recht hat
und die passenden Münzen.
Mich verläßt mein Gedächtnis,
ich vergesse den eigenen Namen.
Das Grau des Papageiengefieders
ist schwer zu benennen.

Wenn ich
deinen wirklichen Namen wüßte,
der mich lebendig macht
aus meinem tausend und einen
Dorn!

Leicht verlernt man
die Zärtlichkeit,
wie ein Rad davonfährt,
das Telefon abgehängt wird,
wie man Schlaftabletten nimmt
und die Einsargung erwartet,
eins ums andere Mal.

DIE VORIGE WOCHE

Mittwoch. Die Kastanien beeilen sich.
Keine Zeitwort,
den Donnerstag zu verhindern.

Mein Vater wäre jetzt hundert.
Die Nachkommen haben sich abgefunden,
schleifen Kastaniensäcke
an die Hauswand, – sie werden
vergessen wie Symmetrien.

Man holt uns überall ein.

In Delhi, wenn man stirbt,
kann man nicht fallen.

UND

Nebel Nebel Nebel,
und in den Ohren
Haare, eine
unverbindliche
Freundlichkeit
und
und
Rajissas süßes Gelächter.

Was zusammengehört,
eine Erfahrung,
was mit und zusammengehört
nur mit und,
keine Begründungen.

Das wird anhalten
wenn mir das und nicht
mit den andern Wörtern entfällt.
Es reicht, es reicht, danke, es reicht.

INHALT

Suhrkamp Verlag GmbH
Torstraße 44, 10119 Berlin
info@suhrkamp.de
www.suhrkamp.de